MW01713063

Allégories pour les *petits* et *grands* défis de la vie

Catalogage avant publication de Bibliothèque et Archives nationales du Québec et Bibliothèque et Archives Canada

Bourque, Solène, 1967-

Allégories pour les petits et grands défis de la vie : comprendre et utiliser les allégories avec les enfants

ISBN 978-2-89074-946-7

1. Actualisation de soi chez l'enfant. 2. Enfants – Développement. 3. Allégories. I. Titre.

BF723.S24B68 2011 155.4'1825 C2010-942553-7

Édition
Les Éditions de Mortagne
C.P. 116
Boucherville (Québec) J4B 5E6

Distribution
Tél. : (450) 641-2387
Téléc. : (450) 655-6092
info@editionsdemortagne.com

Dépôt légal
Bibliothèque et Archives Canada
Bibliothèque et Archives nationales du Québec
Bibliothèque nationale de France
1er trimestre 2011
2 3 4 5 6 – 11 – 19 18 17 16 15

ISBN : 978-2-89074-946-7

Imprimé au Canada

Nous reconnaissons l'aide financière du gouvernement du Canada par l'entremise du Programme d'aide au développement de l'industrie de l'édition (PADIÉ) et celle du gouvernement du Québec par l'entremise de la Société de développement des entreprises culturelles (SODEC) pour nos activités d'édition. Gouvernement du Québec – Programme de crédit d'impôt pour l'édition de livres – Gestion SODEC.

ASSOCIATION NATIONALE DES ÉDITEURS DE LIVRES

Conseil des Arts du Canada
Canada Council for the Arts

Solène Bourque

Allégories pour les petits et grands défis de la vie

Comprendre et utiliser les allégories avec les enfants

Pour Ariane et Thomas,
qui me font voir la vie autrement
à travers leurs yeux d'enfants.

ÉDITIONS DE MORTAGNE

DE LA MÊME AUTEURE :

En collaboration avec Sophie Rondeau.
100 trucs pour les parents des tout-petits,
Éditions De Mortagne, 2010.

Table des matières

Introduction

Les enfants adorent qu'on leur raconte des histoires ! À travers les contes, ils s'évadent dans un monde imaginaire où tout peut arriver, tout en demeurant convaincus que l'histoire finira bien. Ils y rencontrent aussi des personnages bons ou méchants auxquels ils s'identifient et à travers lesquels ils comprennent peu à peu les notions de bien et de mal. Le psychanalyste Bruno Bettelheim[1] affirme d'ailleurs que les contes traditionnels ont un rôle particulièrement important dans le développement psychologique des enfants. À travers les personnages imaginaires auxquels ils s'identifient, les enfants apprennent à résoudre leurs conflits intérieurs et à surmonter leurs angoisses inconscientes.

Comme le conte traditionnel, l'allégorie a un rôle important dans le développement de l'enfant, et même davantage. Car elle a été construite dans ce but précis, aider. L'allégorie pourrait donc se définir comme la personnification d'une idée abstraite (la colère représentée par le nuage gris par exemple), afin que l'enfant puisse de façon inconsciente mettre des mots sur les émotions qu'il ressent et trouver des solutions à une situation difficile.

Les allégories qui suivent ont été rédigées avec des mots simples sur des sujets qui touchent la réalité des enfants. Elles peuvent être utilisées avec les enfants de tous âges, et ce, dès qu'ils s'intéressent aux livres d'histoires. Ainsi Pénélope la petite plume pourra aider un enfant qui a la bougeotte et veut tout connaître à ralentir le rythme ; Nathan le petit nuage apprendra à un enfant à mieux contrôler ses colères ; Rémi le petit ruisseau lui montrera le chemin de la confiance en soi ; etc. Bref, à travers ces contes, les enfants s'identifieront aux personnages qui les animent et qui les guideront vers des solutions en lien avec la difficulté qu'ils vivent.

1. Bruno Bettelheim, *Psychanalyse des contes de fées*, Paris, Hachette Littératures, 1976.

Comprendre et utiliser l'allégorie

L'allégorie est une histoire inventée et construite de toutes pièces pour aider l'inconscient de l'enfant – ou de l'adulte – à s'ouvrir à des messages, à des idées qui le guideront vers une recherche de solutions en regard d'un défi ou d'une difficulté que la vie met sur sa route. Les messages qu'elle comporte sont représentés dans le conte à travers ces différents éléments :

Personnages non humains : Les allégories sont presque toutes construites autour de personnages non humains (animaux, fleurs, éléments de la nature, etc.). Cela permet à l'inconscient de l'enfant de s'y identifier plus facilement, car il est davantage centré sur les traits de personnalité et les émotions du personnage plutôt que sur son apparence physique.

Repères sensoriels : On tente de décrire abondamment les sons, les odeurs, les couleurs et les sensations pour que l'enfant s'imprègne au maximum de l'histoire, qu'il la ressente et la vive au même rythme que le personnage du conte.

Étapes de construction de l'allégorie : L'allégorie se divise habituellement en quelques étapes[1] qui aident graduellement l'enfant à s'identifier à un personnage, à prendre conscience de la situation qu'il vit, à mieux cerner ses émotions et à envisager des solutions. Les pistes de réflexion offertes sont souvent présentées par le biais d'un personnage sage ou magique. C'est une façon d'inviter l'enfant à faire appel à ses ressources intérieures. Voici donc les cinq étapes de la construction de l'allégorie :

- **L'état initial ou la mise en situation :** On présente le personnage principal dans son contexte de vie (Où habite-t-il ? Quelle est sa situation familiale ? Quels sont ses goûts, ses champs d'intérêt ?). C'est ce qui aide l'enfant à l'apprivoiser et à se reconnaître en lui.

- **La perturbation :** C'est le moment où le personnage de l'histoire vit une épreuve. De

1. Michel Dufour, Dany Tremblay, *Allégories – Amour de soi, amour de l'autre*, Montréal, Éditions JCL, 2006, p. 51-57.

façon inconsciente, l'enfant s'identifiera au personnage : son cœur comprendra peu à peu qu'il n'est pas le seul à vivre des moments difficiles !

- **Le déséquilibre et la détérioration :** Lorsque la situation devient problématique pour le personnage, les émotions vécues prennent toute la place. Le personnage se sent impuissant en lien avec le défi qu'il vit, tout comme l'enfant qu'on souhaite aider.

- **Stratégie de solutions :** Des solutions se présentent au personnage principal, le plus souvent amenées par un sage ou un élément magique dans l'histoire. Pour l'enfant à qui on lit le conte, cela permet de lui faire réaliser que tout n'est pas sans issue.

- **Dénouement heureux :** La solution trouvée en lien avec la situation difficile fonctionne. Le problème est résolu. Tout est bien qui finit bien !

Utiliser ce recueil d'allégories est fort simple. Vous choisissez d'abord le conte correspondant à la difficulté du moment. Vous le lisez à l'enfant sans lui mentionner que c'est une histoire qui l'aidera. En fait, le travail au niveau de l'inconscient devrait se faire tout seul à travers les différents éléments de l'histoire. S'il vous pose des questions sur ce qu'il a pu arriver à tel personnage ou sur un détail du conte, demandez-lui : « Et toi, qu'est-ce que tu en penses ? » Il trouvera certainement une réponse au fond de lui-même et qui sait, peut-être cela vous aidera à en savoir davantage sur sa perception de la situation vécue.

Si l'enfant maîtrise bien le langage, faites une pause durant la lecture de l'allégorie, juste au moment où la situation semble sans issue pour le personnage principal. Profitez-en pour demander à l'enfant s'il sait ce que ce personnage pourrait faire pour s'en sortir. Aurait-il des solutions à lui proposer ? Valorisez ses idées intéressantes (*« c'est une idée géniale ça, je crois que Luka le petit lion aimerait bien l'essayer ! »*), questionnez celles qui le sont moins (*« crois-tu que ce serait quelque chose de possible ? »*). Cela l'aidera à faire appel à ses propres ressources en cas de difficulté semblable. Des petites « bulles » de questions ou réflexions vous sont d'ailleurs proposées dans chacun des contes. Elles vous donneront des idées afin d'approfondir l'histoire avec l'enfant.

Vous pouvez relire la même histoire, et ce, autant de fois que l'enfant le demandera. Il en saisira probablement de plus en plus d'éléments au fil du temps et s'il redemande encore qu'on la lui lise, c'est que sa tête et son cœur n'en ont pas encore dénoué toutes les ficelles. Laissez-lui du temps... Il sera peu à peu capable de nommer spontanément ses sentiments par rapport aux difficultés qu'il rencontre, comme le fait le personnage de l'histoire.

Comme parent

Si votre enfant vit un moment pénible, vous pouvez créer une allégorie en lien avec celui-ci en utilisant des toutous ou des petites marionnettes (il en existe de magnifiques, toutes petites, qu'on insère sur les doigts). Faites avec votre enfant une mise en situation sous forme de jeu interactif. Ainsi, si votre enfant craint de se séparer de vous, Petit ourson pourrait lui raconter qu'il avait passé un hiver si doux, collé contre sa maman, et qu'il trouvait bien difficile d'aller se promener dans la forêt sans elle. Demandez-lui ce qu'on pourrait dire à Petit ourson pour le rassurer... Il aura certainement des petits trucs bien intéressants à proposer !

Si votre enfant est un peu plus âgé, vous pouvez construire une histoire allégorique avec lui à partir d'une situation qu'il vit. En mettant d'abord en scène un personnage imaginaire qui rencontre une difficulté semblable à la sienne. Puis en mettant des mots sur les émotions que le personnage pourrait ressentir dans cette situation. Et enfin, en guidant votre enfant à trouver des solutions possibles pour arriver à surmonter la difficulté. Bricolez un vrai livre ensemble, faites-lui écrire l'histoire ou aidez-le s'il n'est pas en âge d'écrire. Il pourra ensuite illustrer son conte par de beaux dessins. Il demandera encore et encore qu'on lui lise l'histoire, soyez-en certain !

Comme enseignant, éducateur ou intervenant

Si vous travaillez au quotidien avec des enfants, vous pouvez aussi utiliser ces allégories ou en créer de nouvelles selon les besoins ou la dynamique de votre groupe d'enfants. Voici quelques exemples d'activités à faire selon l'âge et la dynamique des enfants :

Pour aider les enfants à mieux vivre l'entrée à la garderie ou à la maternelle : créez un petit personnage, à partir d'un toutou ou d'une marionnette, qui a bien peur d'aller à l'école (ou à la garderie) et qui se cache tous les matins dans un gros coffre au fond de la classe. Durant les premières semaines d'école, au moment de la causerie, demandez aux enfants de trouver des mots ou des phrases pour rassurer le petit toutou afin qu'il sorte de son coffre et participe à la vie de groupe. En entendant les autres enfants parler, cela permettra assurément à des élèves en difficulté de trouver des pistes de solutions face à leurs propres angoisses.

Pour gérer une situation conflictuelle dans une classe : proposez aux enfants une activité dirigée de conte. Le début d'une allégorie est remis aux enfants (quelques phrases de mise en contexte en lien avec la problématique vécue, par exemple : *« Les animaux de la forêt avaient beaucoup de difficulté à jouer ensemble sans qu'il n'y ait de conflits entre eux… »*) qui doivent la compléter individuellement et par écrit. En lisant les différentes histoires imaginées par les enfants, cela vous donnera l'occasion de mieux comprendre les perceptions et les émotions de chacun face à la situation vécue. Une activité de retour, où les contes sont lus et partagés en groupe, leur offrira l'occasion de connaître les différents points de vue sur le sujet et de choisir ensemble des solutions qui conviennent à tous.

Pour supporter un enfant présentant des difficultés d'adaptation ou d'apprentissage : adaptez l'une ou l'autre des allégories de ce recueil, ou encore inventez-en une, en la transformant en un jeu interactif et imagé. Illustrez la situation de départ par une image ou un pictogramme, dessinez ensuite une série de pictogrammes pour identifier les différentes émotions possibles et enfin une dernière série pour illustrer les différentes stratégies de solutions qu'on peut envisager par rapport à cette situation. Vous pourrez alors guider l'enfant dans les différentes étapes de la construction de son allégorie.

Pour un enfant plus vieux, vous pouvez même en faire un jeu de société avec plusieurs situations collées sur un grand carton, sur lesquelles il peut arriver par hasard en lançant un dé. Les cartes d'émotions et de stratégies de solutions sont mises face contre table, l'enfant en pige une et doit dire si c'est une émotion et une stratégie qu'il choisirait ou non dans la situation donnée.

Finalement, pour construire des activités allégoriques aidantes, il suffit d'être à l'écoute de ce que les enfants vous disent sur leur vécu et de laisser aller votre créativité ! Allez, osez !

Voici le résultat d'une activité allégorique que j'ai faite avec ma fille Ariane alors qu'elle avait 6 ans. Elle était souvent déçue de ne pas pouvoir faire tout ce qu'elle voulait, limitée par son âge, ses capacités, ses talents. On a travaillé à mettre en scène un personnage qui rêvait de faire quelque chose dont il n'était pas capable. Tout a été imaginé par elle, je l'ai simplement guidée à travers les différentes étapes de la construction de l'allégorie et je l'ai aidée à composer des phrases.

Allégorie d'Ariane

Dans la belle vallée, vivait un beau petit arbre qui s'appelait Amila. Depuis toujours, il regardait les oiseaux dans le ciel et rêvait de voler comme eux.

Un jour, il fut assez grand pour qu'un oiseau vienne y faire son nid au printemps.

Qu'il était heureux ! Peut-être l'oiseau l'aiderait-il à apprendre à voler ?

Amila attendit que l'oiseau ait terminé de s'installer et il lui dit : « Si tu savais comme je t'envie de pouvoir voler comme cela partout où tu veux ! Pourrais-tu m'apprendre à voler ? »

L'oiseau lui dit : « Mais tu ne peux pas voler ! Tu es un arbre ! Et les arbres ont des racines qui les gardent pris dans la terre. »

Amila se mit à pleurer. Son rêve depuis toujours était de voler et là, on lui disait qu'il ne pourrait pas le faire. Qu'il était malheureux !

L'oiseau lui dit qu'il n'avait pas à avoir de peine parce qu'il était grand et solide et que grâce à lui, il avait un endroit où faire sa maison.

Amila le petit arbre était à nouveau heureux !

Situations familiales

Ovide : un œuf dans mon nid ?

Ovide avait toujours été seul avec sa maman et son papa dans son nid. Seul, jusqu'à ce que cet œuf apparaisse à côté de lui. Maman Oiseau lui avait expliqué que, dans cet œuf, se trouvait un minuscule Bébé Oiseau et que, bientôt, il en sortirait pour se montrer le bout du bec.

Maman Oiseau lui expliqua que l'œuf était fragile et qu'il fallait lui faire bien attention ! Ovide était curieux et avait bien hâte de voir ce minuscule Bébé Oiseau, mais il trouvait aussi que l'œuf prenait beaucoup de place dans le nid. Parfois, il le poussait. Et il lui arrivait même de rêver que l'œuf tombait du nid et se fracassait sur le sol ! Oh là là !

Pourquoi crois-tu qu'Ovide a fait ce rêve ?

Avant que l'œuf arrive dans le nid, Ovide adorait chanter. Et Maman Oiseau adorait l'entendre chanter. Mais depuis qu'il était là, cet œuf, elle lui disait souvent de ne pas faire trop de bruit dans le nid parce qu'elle devait couver son œuf, c'est-à-dire rester assise toute la journée dessus ! Non, mais quelle galère ! Décidément, ce n'était plus bien amusant d'être avec Maman Oiseau…

Que pourrais-tu dire à Ovide pour qu'il se sente mieux ?

Papa Oiseau, lui, était bien occupé à ramasser des brindilles afin de construire un nid plus grand. Il passait beaucoup moins de temps qu'avant sur leur branche d'arbre. Et quand il arrivait, il disait à Ovide qu'il était très fatigué, qu'il avait besoin de se reposer et qu'il n'avait pas le goût de jouer. Ovide était triste, car il se sentait parfois seul au monde.

Par contre, Maman Oiseau, en couvant son œuf, avait le temps de raconter de bien belles histoires. Ovide se collait alors sur elle en souhaitant secrètement redevenir minuscule. Il rêvait de pouvoir retourner dans sa coquille afin qu'elle prenne soin de lui et le couve toute la journée ! Blotti ainsi contre sa maman, le doux vent printanier lui soufflait à l'oreille de ne pas s'en faire, que tout irait bien quand le bébé serait là. Qu'il fallait faire confiance à la vie.

Un matin, Ovide se fit réveiller par un craquement. Puis un petit cri. Il se retourna et vit un minuscule bec sortir de la coquille. Maman et Papa étaient tout près et regardaient le petit œuf eux aussi.

Ovide sentit son cœur battre très fort dans sa poitrine. Il avait peur. « Et si maman l'aimait plus que moi ? Et si Papa ne voulait plus jouer avec moi ? Et s'il n'y avait plus assez de place pour moi dans le nid ? » qu'il se disait. Et si ? Et si ? Mais il repensa à ce que le vent lui avait soufflé à l'oreille et son cœur s'apaisa…

Le minuscule Bébé Oiseau finit par sortir de sa coquille. Il regarda sa maman et son papa, puis il se tourna vers Ovide. Lorsque Bébé Oiseau plongea ses yeux dans les siens, Ovide sentit une boule d'amour grandir dans son cœur et il se mit à chanter. Le minuscule Bébé Oiseau commença à chanter lui aussi et ce fut le plus beau chant que la forêt eut entendu depuis longtemps.

Peux-tu nommer l'émotion maintenant ressentie par Ovide ?

Papa et Maman Oiseau écoutèrent ce chant magnifique et Ovide sourit, le cœur léger. Il avait compris que Bébé Oiseau avait besoin de lui pour faire le plus beau des chants. Et Ovide avait lui aussi besoin de ce minuscule Bébé Oiseau tout juste sorti de sa coquille. Il savait maintenant qu'il y avait de la place pour deux petits oiseaux dans le nid. Et il savait aussi que maman et papa avaient assez d'amour pour eux deux dans leur cœur.

Olivia découvre la garderie

Olivia était née à la fin de l'automne dans la forêt des grands sapins. Elle s'était immédiatement collée contre le corps chaud de sa maman pour hiberner toute la froide saison d'hiver. Lorsqu'elle avait soif ou faim, elle buvait sans se poser de question. Sa maman était toujours là pour la nourrir.

Au printemps, les premiers chauds rayons du soleil réveillèrent Olivia et d'un coup de sa minuscule patte, elle tenta de sortir sa maman du sommeil. Maman Ourse s'étira de tout son long et regarda sa petite Olivia avec un doux sourire. « Il est temps de sortir prendre l'air, ma jolie », lança-t-elle à Olivia.

Pendant plusieurs mois, Olivia découvrit ainsi en compagnie de Maman Ourse tous les coins et recoins de cette magnifique forêt de sapins dont l'odeur venait parfois lui chatouiller les narines durant l'hiver. Elle gambadait, se roulait dans les broussailles, goûtait pour la première fois des petits fruits juteux et succulents. Bref, c'était le bonheur !

Et toi, quelles activités aimes-tu faire quand tu es seul avec ta maman ?

Un jour, Olivia et sa maman passèrent devant une clairière où des petits oursons s'amusaient. Olivia demanda à sa maman ce que c'était que ce terrain de jeux plein d'enfants. Sa maman lui répondit que c'était la garderie des petits ours et que, bientôt, Olivia viendrait y jouer avec les amis pendant que maman irait chasser.

« Quoi ? fit Olivia, je ne serai pas toujours avec toi maman ? »

« Mais non mon oursonnette, tu grandis ! Regarde comme tes pattes sont devenues grandes ! Et moi, je dois aller chasser pour qu'on puisse manger beaucoup avant la prochaine hibernation. Tu viens Olivia ? On va aller visiter. »

Comment te sens-tu quand on te dit que tu grandis ? Fier ? Ou bien tu aurais envie de rester petit ?

Olivia passa avec sa maman à travers le gros tronc d'arbre qui servait d'entrée à la garderie des oursons. Son cœur battait très fort. Elle n'avait pas envie de rester dans cet endroit. Elle voulait être avec sa maman, TOUJOURS ! Sa maman lui lança un clin d'œil rempli d'amour et cela donna le courage à Olivia d'avancer d'un pas, puis de deux… Puis, enfin, elle entra.

Une dame vint se présenter. « Je suis Mathilde, l'éducatrice de la garderie, c'est moi qui prends soin des petits amis ici. » Olivia trouva qu'elle avait l'air gentille, mais elle n'avait pas le même sourire que sa maman. Elle sentit des larmes lui monter aux yeux… Comment allait-elle passer toute une journée sans sa maman ? Olivia rencontra quelques amis et elle s'amusa beaucoup avec eux. Mathilde était aussi très douce et très gentille avec les oursons. Peut-être qu'elle s'y plairait finalement ?

Le grand jour arriva enfin. Olivia sortit sur le pas de sa tanière. Elle sentait son cœur gros, gros comme le buisson devant la porte. Un petit oiseau vint se poser dessus alors qu'Olivia soupirait. « Tu as l'air triste », lui dit l'oiseau. « Oui, je commence la garderie des oursons ce matin et j'ai peur. Peur de m'ennuyer de ma maman, peur d'oublier son sourire quand elle n'est pas là. » « J'ai un secret à te confier, lui annonça l'oiseau, approche-toi. » Olivia s'approcha.

« Ta maman, elle est toujours dans ton cœur tu sais. Quand elle te manquera, tu n'auras qu'à fermer les yeux pour imaginer son sourire qui, comme un petit rayon de soleil, viendra réchauffer ton cœur. » Olivia sourit… Elle remercia le petit oiseau. Grâce à lui, elle savait maintenant comment emmener un petit peu de sa maman avec elle à la garderie.

Elle partit en gambadant avec Maman Ourse. Elle avait hâte de jouer avec les amis. Et c'est avec une petite larme au coin de l'œil, mais tout de même le sourire aux lèvres, qu'Olivia entra à la garderie. Bien sûr, certains moments de la journée furent plus difficiles. Mais devinez ce qu'Olivia a fait ? Eh oui, elle a fermé les yeux quelques instants pour laisser la douce chaleur du sourire de maman venir remplir son cœur… et ainsi lui donner l'énergie de continuer de s'amuser avec ses amis.

Quel secret crois-tu que le petit oiseau dira à Olivia ?

Chloé ne veut pas dormir

La petite chouette Chloé n'aimait pas dormir ! Ce qu'elle voulait, c'était écouter les bruits du soir, car ces sons la fascinaient. Et pour les découvrir, elle était prête à tout, quitte à ne pas fermer les yeux de la nuit ! Elle s'inventait mille histoires en les entendant. « Et si c'était une princesse et un chevalier galopant dans une forêt ? Et si c'était le bruit d'un bateau partant au loin à l'aventure ? »

Le soir, à l'heure du dodo, sa maman essayait de la raisonner : « Chloé, tu devrais vraiment dormir ! Tu ne seras pas en forme demain ! » « Oui, oui, maman, promis, je vais dormir vite ! » Mais sitôt sa maman sortie de la chambre, Chloé tendait l'oreille. Et si elle entendait un son nouveau ? Ce serait si extraordinaire !

Parfois, elle sentait le sommeil la gagner, mais vite, vite, elle s'efforçait de rester éveillée pour ne rien manquer ! Chloé gardait l'œil ouvert et les oreilles bien tendues à l'affût du moindre son. Et son imaginaire repartait en vol !

Le seul problème qui se posa – et sa maman avait raison sur ce point – c'est qu'un matin, elle eut peine à se lever et eut beaucoup moins de plaisir à s'amuser avec ses amis ! Chloé fut bien embêtée. Car autant elle aimait écouter les bruits du soir, seule dans son nid, autant elle aimait aussi jouer pendant la journée ! Elle souhaitait tellement trouver une solution !

Ce soir-là, lorsqu'elle se coucha, Chloé regarda le ciel parsemé d'étoiles et en vit une se détacher du

Pourquoi crois-tu que Chloé se sent mieux et s'amuse davantage maintenant ?

ciel pour venir vers elle. L'étoile lui annonça qu'elle avait un message bien spécial pour elle. Chloé tendit l'oreille. « Tu vois toutes ces belles petites étoiles dans le ciel ? lui demanda-t-elle. Eh bien, si elles peuvent briller aussi bien durant la nuit c'est parce qu'elles se reposent très bien durant le jour. Cela leur permet de briller de la plus belle des lumières une fois le soir venu. »

Ce soir-là, les yeux de Chloé se fermèrent et elle s'endormit rapidement. Lorsqu'elle se réveilla le lendemain matin, elle se sentait si bien ! Ce jour-là, elle eut du plaisir comme elle n'en avait pas eu depuis longtemps avec ses amis. Elle avait plusieurs idées nouvelles pour faire des jeux, elle riait davantage et était capable de voler beaucoup plus facilement de branche en branche.

Elle comprit alors que l'étoile avait raison. Pour avoir de belles journées et être en forme, il fallait bien dormir. Maintenant, le soir venu, quand l'envie lui prenait de ne pas fermer les yeux, elle n'avait qu'à penser à son amie l'étoile, venue la visiter pour lui révéler son secret, et elle s'endormait très vite !

Lili-Sophie déteste partager

Dans la petite maison de terre battue qu'elle habitait au bout du champ avec sa famille, Lili-Sophie avait tout pour être heureuse. Mais elle ne l'était pas. Car Lili-Sophie avait quatre frères et quatre sœurs avec qui elle devait TOUT partager. Son lit, ses jeux et même son fromage ! Et ce que Lili-Sophie détestait plus que tout au monde, c'était PARTAGER !

Comment Lili-Sophie réagira-t-elle à la réponse de sa maman selon toi ?

Elle avait bien osé faire quelques demandes à Maman Souris, mais cette dernière avait ri de bon cœur en lui disant : « Mais ce n'est pas possible Lili-Sophie ! Tu imagines s'il fallait que tous tes frères et sœurs nous demandent une chambre bien à eux et des jouets que personne ne peut toucher ! Notre maison n'est pas assez grande. Et les repas, on les prend en famille, tu le sais bien. C'est important pour nous ! »

Au souper, ses frères et sœurs riaient et semblaient heureux, mais Lili-Sophie n'avait pas du tout envie de sourire. Et à l'heure du dodo, alors qu'elle avait peine à se trouver une place dans le lit qu'elle partageait avec sa sœur, Lili-Sophie fit le vœu secret de se retrouver là où elle n'aurait plus jamais rien à partager.

Cette nuit-là, un Petit Elfe de la forêt réveilla Lili-Sophie et lui déclara que son vœu s'était réalisé. Il l'invita à monter sur son dos pour l'emmener dans un endroit où elle n'aurait à partager avec personne, JAMAIS ! Où elle aurait un lit, des jouets et même un immense fromage juste pour elle. Lili-Sophie n'en croyait pas ses oreilles de souris ! Bien agrippée au cou du Petit Elfe, elle survola le champ pour rejoindre la forêt.

Le Petit Elfe la déposa au pied d'un arbre et lui dit : « Si tu as besoin de quelque chose, tu n'as qu'à siffler et je viendrai te voir. » « Pas besoin de personne ! » pensa Lili-Sophie lorsqu'elle entra et vit le superbe petit lit, l'immense coffre rempli de jouets et le gigantesque morceau de fromage, rien que pour elle.

Lili-Sophie grignota un bout de fromage, mais elle ne le trouva pas aussi bon que celui qu'elle mangeait à la maison. Elle joua pendant quelque temps, mais s'ennuya bien vite de n'avoir personne avec qui s'amuser. Et quand le sommeil la gagna, elle se coucha dans son nouveau lit. Qu'elle ne trouva pas si douillet finalement, sans le souffle chaud de sa sœur dans son cou et ses petits pieds de souris collés contre elle !

Elle siffla son ami le Petit Elfe et lui annonça qu'elle voulait rentrer chez elle. C'était ce qu'elle voulait, plus que tout au monde maintenant. « Tu en es certaine Lili-Sophie ? la questionna l'Elfe. C'était pourtant ton vœu le plus cher, de partir. » Lili-Sophie hocha la tête : « Oui, je veux être à nouveau dans ma maison ! » dit-elle. Oui, il y avait toujours du bruit dans sa maison, mais c'était aussi plein de vie et plein d'amour ! Et ils repartirent ensemble vers la maison bien remplie de Lili-Sophie.

Dans son lit, c'est avec bonheur qu'elle se colla sur sa petite sœur en imaginant les jeux qu'elles feraient ensemble le lendemain. Oui, maintenant, Lili-Sophie avait compris que partager, c'est aussi ne jamais être seul pour s'amuser, rire et danser !

Comment crois-tu que Lili-Sophie se sent dans sa nouvelle maison pour elle toute seule ?

Léo ne veut pas manger

Juste à côté du terrier où vivait Léo le petit lapin avec sa famille, il y avait un énorme potager où Papa Lapin aidait le cultivateur dans ses récoltes. Tous les soirs après le travail, Papa Lapin rentrait à la maison, les bras chargés de légumes de toutes sortes : de la laitue fraîche, de succulents concombres, des haricots croquants, des brocolis fleuris et de savoureuses carottes, que tous les lapins adorent, c'est bien connu.

Tous les lapins ? Hum... non. Parce que depuis quelques semaines, Léo refusait de manger quoi que ce soit venant du potager, même les délicieuses carottes. En fait, il ne voulait manger que des spaghettis et des biscuits. Pourtant, tous ses frères et sœurs se régalaient des succulents légumes. Mais pas Léo. « Beurk, je n'en veux pas, ce n'est pas bon », répétait-il soir après soir.

Sa maman avait beau lui dire qu'il avait besoin de bien s'alimenter pour grandir, rien n'y faisait, il refusait de manger. « Tu sais Léo, les spaghettis et les biscuits, c'est très bon, mais il faut que tu manges de tout pour être en santé. » Et comme sa maman ne servait pas des spaghettis et des biscuits tous les jours, Léo mangeait de moins en moins souvent.

Que pourrais-tu dire à Léo pour l'aider à manger ses repas ?

Un matin, il se leva avec difficulté. Il se sentait fatigué et sans énergie.

Pourquoi crois-tu que Léo a si peu d'énergie ?

Pendant que ses frères et sœurs sautillaient partout dans les champs, Léo resta assis près du terrier. « Qu'est-ce qui se passe Léo ? Tu ne joues pas ? » s'informa Mimi la fourmi qui passait près de lui. « Non, je suis trop fatigué », répondit Léo. Mimi lui demanda s'il avait bien mangé ce matin. « Non, c'était des légumes, et je voulais avoir des biscuits et hier c'était pareil. C'est toujours pareil, légumes, légumes, légumes ! » répliqua le petit lapin.

« Mais Léo, il faut que tu manges ce qu'il y a dans ton assiette, c'est important ! » s'exclama Mimi la fourmi.

« Regarde toute la nourriture que je porte sur mon dos pour l'apporter à la fourmilière. Tu penses que je serais capable de travailler si fort si je ne mangeais pas bien à tous les repas ? ! Et des légumes, c'est très bon, as-tu vraiment pris le temps de goûter ? » rajouta Mimi.

Léo rougit… C'est vrai qu'il n'avait jamais pris le temps de vraiment goûter les repas de Maman Lapin. Et puis, lui aussi comme Mimi, souhaitait être fort, pour pouvoir aider papa dans le potager quand il serait plus grand.

Pourquoi est-ce important, selon toi, de bien manger ?

Au souper ce soir-là, quand maman servit le repas, Léo repensa à ce que Mimi la petite fourmi lui avait dit et il prit une bouchée de laitue. « Miam, c'est vrai que c'est bon », se dit-il. Puis une bouchée de haricot, puis une de carotte. Et tout en discutant avec sa famille, il termina son assiette avec le sourire. À partir de ce moment, Léo, qui voulait grandir fort et en santé comme Mimi la fourmi, mangea de tout à tous les repas : des radis, des céleris, des kiwis, du persil, des brocolis et bien sûr… des spaghettis et des biscuits !

Édouard et Émile : c'est trop injuste !

Édouard et Émile étaient deux petits frères écureuils qui habitaient avec leur maman au fond d'un arbre creux à l'orée de la forêt. C'était une maison remplie d'amour, et bien garnie de noisettes, mais Édouard et Émile avaient souvent l'impression que la vie était bien injuste pour eux.

Au matin, c'était le plus souvent Édouard qui boudait en s'exclamant : « Maman ! Émile a eu plus de noisettes que moi dans son bol, c'est trop injuste ! »

Le midi, Émile n'était pas content : « Maman ! Tu joues bien plus longtemps avec Édouard qu'avec moi, c'est trop injuste ! »

Et le soir avant le dodo, c'était encore la pagaille. « C'est à mon tour de choisir l'histoire », disait Édouard. « Non, c'est toi qui l'as choisie hier soir », répliquait Émile. « Euh, non, pas du tout ! Mamannn ! C'est trop injuste, Émile veut toujours choisir », ripostait à nouveau Édouard.

Bref, ils étaient rarement contents. Et Maman Écureuil ne savait plus quoi faire pour leur faire comprendre qu'elle les aimait tous les deux autant l'un que l'autre, même si elle ne comptait pas toujours les noisettes, le temps ou les livres d'histoires.

Un jour, elle eut une idée. Elle organisa une chasse au trésor pour ses deux petits écureuils. Édouard et Émile étaient tout excités ! Édouard dit : « Je suis certain que je trouverai le trésor le premier, et je le garderai juste pour moi. » Émile lança : « Maman, c'est trop injuste ! Édouard est plus grand, c'est sûr qu'il le trouvera le premier ! »

Maman Écureuil leur expliqua qu'aucun d'eux ne pourrait trouver le trésor avant l'autre, parce que pour le trouver, ils avaient besoin l'un de l'autre. « Comment ça ? » demandèrent en chœur les deux frères. « J'ai caché des noisettes un peu partout dans la forêt avec des codes secrets vous menant au trésor. Certaines noisettes sont au nom d'Édouard, d'autres au nom d'Émile. Mais aucun de vous ne pourra se rendre au trésor sans l'aide de l'autre. Car vous avez besoin de toutes les noisettes pour parvenir à déchiffrer le code secret vous y menant. »

Crois-tu que la maman d'Émile et d'Édouard est vraiment injuste avec eux ? Que pourrais-tu leur dire pour les aider à mieux vivre leur quotidien de frères ?

Est-ce que ça t'arrive toi aussi de penser que ton frère ou ta sœur a plus de privilèges que toi ?

Crois-tu que Émile et Édouard auraient pu trouver le trésor sans l'aide l'un de l'autre ? Pourquoi ?

Ouf ! Toute une aventure pour les deux frères ! Comme ils voulaient plus que tout découvrir le trésor, ils se donnèrent la main et partirent ensemble à l'aventure dans la forêt.

Édouard et Émile trouvèrent toutes les noisettes. Cela leur demanda beaucoup de persévérance et aussi d'entraide. Ils avaient besoin l'un de l'autre pour y arriver. Ils durent ensuite travailler très fort et ensemble pour déchiffrer le code secret. Après plusieurs heures, enfin, ça y était, ils savaient où se trouvait le coffre au trésor. Il se trouvait juste sous l'arbre creux dans lequel ils vivaient.

Sur le coffre, on pouvait lire : « Voici votre trésor. À l'intérieur de ce coffre, vous découvrirez le secret d'amour de maman pour vous. » Édouard et Émile ouvrirent le coffre avec hâte et découvrirent, tout au fond, un magnifique miroir en forme de cœur. En se penchant pour y voir de plus près, ils aperçurent leur reflet, ceux d'Édouard et d'Émile qui étaient là, tous deux, dans le beau cœur en miroir. « Mes petits amours, dit maman en s'approchant, il y a de la place pour vous deux dans mon cœur comme vous le constatez. Et à vous voir travailler si fort ensemble aujourd'hui pour dénicher ce trésor, j'espère que vous ne l'oublierez jamais. » Édouard et Émile se regardèrent en souriant. Ils avaient enfin compris que, dans le cœur d'une maman, l'amour est aussi grand pour tous ses enfants, même s'il est parfois différent !

Léa a mal au ventre

Léa la petite loutre habitait avec son papa et sa maman tout près des gros rochers dans la rivière. Sa grand-maman adorée n'était pas bien loin, vivant à l'orée de la forêt, et Léa aimait bien passer du temps avec elle. En fait, quand Léa était malade, c'était Grand-Maman Loutre qui prenait soin d'elle. Elle faisait les meilleures soupes de poisson du monde ! Et quand on est malade, une bonne soupe de poisson et des câlins de grand-maman, c'est ce qu'il y a de mieux, c'est bien connu !

Lorsque Léa n'avait pas le goût d'aller à l'école le matin, elle disait parfois à sa maman qu'elle avait très mal au ventre, même si ce n'était pas vrai. Sa maman touchait alors son bedon et Léa s'efforçait de faire une grimace en disant que ça lui faisait très mal. Sa maman allait donc la reconduire chez Grand-Maman Loutre et Léa savait qu'elle aurait une belle journée remplie de petites douceurs.

Un matin, alors qu'elle était étendue sur le canapé, Léa avait entendu sa grand-maman et sa maman dire que, comme elle avait très souvent mal au ventre, il faudrait qu'elle aille voir le médecin pour se faire soigner. « Oh non ! pensa Léa. Avec ses instruments, c'est certain que le médecin verra que je ne suis pas vraiment malade ! »

Léa réfléchit beaucoup cette journée-là. Si elle avouait à sa maman qu'elle n'était pas vraiment malade, elle avait peur de ne plus pouvoir passer de belles journées avec sa grand-maman à manger de la soupe de poisson bien fumante. Si elle continuait de dire qu'elle était malade, sa maman l'emmènerait chez le médecin et elle saurait qu'elle avait menti tout ce temps. Et si un jour elle était malade pour vrai ? Sa maman ne la croirait peut-être pas... Quel dilemme ! Léa ne savait pas quoi faire !

Léa a un problème... Comment pourrais-tu l'aider ?

Mais Grand-Maman Loutre, qui avait vécu assez longtemps pour voir bien de l'eau couler sous les ponts de la rivière, devina le problème de Léa. Elle lui dit : « Tu sais Léa, tu n'as pas besoin d'être malade pour venir me voir et qu'on se donne des câlins en mangeant de la bonne soupe de poisson. Tu n'as qu'à me dire que tu as envie de passer du temps avec moi et on trouvera un moment pour être ensemble. » Léa soupira de soulagement. Sa grand-maman avait compris ce qu'elle ressentait !

Grand-Maman rajouta qu'elle avait une potion magique, à base de feuilles de nénuphars, qui ferait disparaître pour toujours et à jamais les maux de ventre imaginaires. « Si tu veux en prendre Léa, on pourra dire à maman que tu es guérie », proposa Grand-Maman Loutre en lui faisant un clin d'œil. Léa sourit.

Pourquoi crois-tu que Léa est heureuse de la solution trouvée par sa grand-maman ?

Léa accepta de prendre la potion magique à base de feuilles de nénuphars. Elle savait maintenant que si elle voulait voir Grand-Maman Loutre, elle n'avait plus besoin de faire croire qu'elle avait mal au ventre. Elle pouvait tout simplement nager jusque chez elle avec sa maman et lui dire qu'elle avait envie de partager un bon bol de soupe de poisson et avoir un gros câlin !

Thalia et ses deux châteaux

Thalia la petite tortue de mer habitait avec sa maman et son papa dans un château de coquillages tout près de la haute falaise de la plage. De la fenêtre de sa chambre, elle adorait regarder la mer et le ciel se fondre l'un dans l'autre, surtout lorsque le soleil venait danser sur les vagues avant de disparaître pour la nuit.

Ce soir, Thalia était à la fenêtre de sa chambre, mais son regard était vide et son cœur rempli de larmes. Ses parents venaient de lui annoncer qu'ils se séparaient et qu'elle habiterait maintenant deux châteaux. Un avec maman, celui sur le bord de la falaise, et un autre tout à fait différent, à l'autre bout de la plage, avec son papa. Demain, papa partirait pour aménager le nouveau château et il reviendrait bientôt la chercher pour qu'elle y passe quelques jours avec lui.

Quels sentiments crois-tu que Thalia ressent face à cette nouvelle ?

Ses parents lui avaient expliqué que ce serait comme cela toutes les semaines. Elle aurait maintenant deux maisons, deux vies de famille différentes. Une semaine chez maman, une semaine chez papa. Thalia n'avait pas le goût de quitter son château une semaine sur deux, et encore moins de quitter sa maman. Et elle savait aussi que l'autre semaine, même en vivant dans le château qu'elle connaissait bien, la présence de son papa, qui venait lui chatouiller le cou tous les soirs en revenant de la pêche en mer, lui manquerait terriblement. En ce moment, elle n'avait qu'une envie, se rouler en boule sous sa carapace et pleurer.

Que pourrais-tu dire à Thalia pour la consoler ?

Quelques jours plus tard, c'est le cœur gros qu'elle partit pour la première fois avec son petit sac en envoyant plein de bisous volants à sa maman. Elle s'en allait découvrir son nouveau château. Papa lui montra sa nouvelle chambre et lui dit qu'elle pourrait la décorer à son goût si elle le voulait. Thalia la trouvait belle, mais ce n'était pas pareil comme son autre maison, elle ne s'y sentait pas vraiment chez elle. Quand elle ouvrit son sac pour se préparer au dodo, elle découvrit tout de même avec joie que maman lui avait mis son toutou favori, un petit mot d'amour et une photo d'elle. Cela lui rappela de beaux souvenirs. Mais cela la rendit immensément triste aussi. Elle s'ennuyait de sa maman, mais aussi de sa famille : papa, maman et elle, réunis.

Au moment d'aller dormir, son papa vint la retrouver et lui dit : « Je sais que ça doit être très difficile pour toi ma Thalia. Maman et moi avons pensé à un petit quelque chose qui pourra t'aider à ce qu'on puisse être là pour toi, même si on n'habite plus ensemble tous les trois. » Papa s'étendit à côté de sa petite Thalia. Il lui pointa le ciel. « Juste devant toi Thalia, tous les soirs tu pourras voir cette magnifique étoile briller. Que tu sois chez papa ou chez maman, tu la verras de ta chambre. Et tous les soirs où tu seras chez papa, maman regardera cette étoile au même moment où tu la regarderas. Et ce sera pareil quand tu seras chez maman. Lorsque tu jetteras un œil par la fenêtre avant de t'endormir, tu sauras que moi aussi, je regarde la même étoile et que je pense à toi. »

Thalia sentit son cœur se remplir d'amour et elle fit un immense câlin à son papa. C'était exactement ce dont elle avait besoin. Ce soir-là, elle prit beaucoup de temps à s'endormir, ne se lassant pas de regarder la magnifique étoile briller vers elle. Elle possédait maintenant un trésor inestimable. Car elle savait que peu importe où elle se trouvait, elle pourrait sentir ses deux parents avec elle dans son cœur même s'ils habitaient deux châteaux différents.

Est-ce que tu as un petit quelque chose qui te rappelle papa ou maman toi aussi ? Quand il ou elle n'est pas là ?

Le grand-papa de Coralie est mort

Tous les samedis matins depuis qu'elle était toute petite, Coralie la chèvre et son papa allaient rejoindre Grand-Père Bouc pour une promenade dans la montagne. Ils adoraient grimper ensemble tous les trois sur les rochers escarpés et aller brouter l'herbe fraîche qui se trouvait à quelques rares endroits sur la montagne.

Mais ce matin, Coralie était seule avec son papa pour aller dans la montagne. Grand-Père Bouc était mort hier soir. Au matin, quand Papa Bouc était venu la chercher pour la promenade, Coralie s'était retournée dans son lit : « Je ne veux pas y aller si Grand-Père n'y est pas, ce ne sera plus jamais pareil ! » avait-elle murmuré en pleurant. Papa lui avait caressé doucement la barbichette en lui disant : « Grand-Père aimerait qu'on continue à y aller ensemble, j'en suis certain. Il aimait tellement aller marcher avec toi. » Coralie ravala ses larmes et suivit son papa. Ils se promenèrent en silence sur les grands rochers pendant longtemps. Coralie avait le cœur lourd. Tout lui rappelait son grand-papa : le chant des oiseaux qu'il aimait tant, l'odeur de l'herbe verte et tendre qu'ils broutaient ensemble, le ciel et ses nuages de toutes les formes qu'ils s'amusaient à regarder en imaginant des histoires incroyables. Coralie soupira… Grand-Père Bouc lui manquait déjà terriblement.

Que pourrais-tu dire à Coralie pour qu'elle se sente mieux ?

Demain, lui avait dit Papa Bouc, ce serait le moment où toute la famille ferait un dernier adieu à Grand-Père. On l'enterrerait au fond de la vallée, tout près des grands rochers de la montagne qu'il aimait tant. Coralie n'avait pas envie de dire adieu à son grand-père. Elle aurait voulu le garder avec elle encore longtemps.

Le soir avant d'aller dormir, Maman Chèvre vint border sa petite Coralie. « Pourquoi grand-papa est mort ? » demanda Coralie. « Grand-papa était âgé. Quand ils sont trop vieux ou trop malades, les gens meurent. Mais tu es chanceuse ma jolie Coralie, tu as passé des moments formidables avec ton grand-papa depuis que tu es toute petite. Tu as beaucoup de souvenirs avec lui n'est-ce pas ? C'est en y repensant que tu le garderas toujours présent dans ton cœur », répondit Maman.

Papa vint les rejoindre. « J'ai un petit quelque chose pour toi, ma Coralie. Un cadeau de grand-papa. » C'était un joli collier avec une clochette, celle que Grand-Papa portait à son cou et que Coralie entendait sonner dès qu'il s'approchait de sa maison pour leur promenade. Papa Bouc l'accrocha au cou de Coralie et elle sentit ses yeux se remplir de larmes. C'était des larmes de peine, mais aussi d'un peu de bonheur. Elle aurait maintenant toujours avec elle un souvenir précieux de son grand-papa. Elle s'endormit en tenant la clochette dans son petit sabot de chèvre.

As-tu un petit souvenir précieux de ton grand-papa ou de ta grand-maman toi aussi ? Raconte ce que c'est et comment c'est important pour toi.

Comment sens-tu la présence de ton grand-papa ou de ta grand-maman dans ton cœur ?

Le lendemain, Coralie se rendit avec ses parents dans la vallée, au pied des grands rochers non pas pour dire adieu, mais au revoir à son grand-papa. « On se reverra dans mes souvenirs Grand-Papa. Je te promets que je continuerai d'aller grimper la montagne avec papa, comme avant. Et je garde précieusement ta clochette dans mon cou pour ne jamais t'oublier. Je t'aime très fort. »

Défis personnels et relations avec les pairs

Pénélope et le vent

Ce que Pénélope la petite plume aimait par-dessus tout, c'était le vent ! Le vent qui la poussait, qui lui faisait faire de si jolies découvertes. Le vent qui la faisait glisser comme une caresse sur les douces feuilles des arbres. Le vent qui la soulevait toujours plus haut dans les airs et lui faisait voir le ciel bleu et le soleil d'encore plus près !

Pénélope aimait tellement la sensation du vent sur son petit dos de plume qu'elle avait de la difficulté à se poser sur l'herbe fraîche pour reprendre son souffle. Après tout, il y avait tant de choses à voir et à faire dans une journée !

Ce jour-là, elle s'amusait encore plus qu'à l'habitude à virevolter dans les airs. À peine se posait-elle sur l'herbe fraîche qu'à nouveau le vent la soulevait et l'emportait encore plus loin. Elle tourbillonna tellement qu'elle ne vit plus où elle s'en allait. Et elle se retrouva, bien malgré elle, sous un buisson de feuilles sombres, où le vent ne la rejoignait plus, où le vent si doux ne pouvait plus la faire bouger.

Pénélope était bien malheureuse. Elle essaya tant bien que mal de s'étirer pour que le vent la soulève à nouveau, mais en vain. Malgré ses efforts, la petite plume ne bougea pas d'un poil. Elle s'ennuyait et trouvait qu'il n'y avait rien de bien intéressant à faire sous ce buisson. Pénélope baissa la tête et pleura. Elle était si triste !

À ce moment, elle aperçut une toute petite chenille qui rampait devant elle, une chenille qui avançait lentement, qui prenait son temps, et qui avait l'air si calme et si heureuse. Pénélope soupira. Elle enviait son bonheur. Comment pouvait-elle avoir l'air si bien en bougeant si peu ?

La chenille vit Pénélope qui avait l'air tout triste et lui demanda ce qu'elle avait. Pénélope lui expliqua que ce qu'elle préférait était de bouger, poussée par le vent, mais qu'ici, elle ne pouvait plus le faire et qu'elle en était bien malheureuse.

Comment crois-tu que Pénélope se sent sous le buisson ?

Quelle solution proposerais-tu à Pénélope pour qu'elle ne soit plus malheureuse ?

La chenille lui montra alors comment, à l'ombre du buisson, on pouvait voir les rayons de soleil percer à travers les feuilles, comment le bruit du vent était si doux à entendre et comment on pouvait voir, et de si près, les coccinelles se promener sur les feuilles. Pénélope sourit. Elle était heureuse.

Elle réalisa qu'elle n'avait jamais vu les rayons du soleil à travers les feuilles d'un buisson, n'avait jamais entendu le bruit du vent si doux, n'avait même jamais remarqué les jolies coccinelles ! Tout ça était nouveau pour elle. Et elle était si bien !

Grâce à la chenille, Pénélope la petite plume venait d'apprendre à profiter d'un coin d'ombre paisible et magnifique et à être heureuse sans tourbillonner sans cesse dans le vent. Quel bonheur !

Nathan, gris ou blanc ?

Nathan le petit nuage blanc adorait son coin de ciel bleu ! Il le trouvait si beau qu'il avait de la difficulté à voir ses amis nuages venir y jouer. Il avait si peur que quelqu'un lui prenne son bout de ciel ! Aussi, dès qu'un autre ami nuage s'approchait, il se gonflait et devenait gris de colère.

Quand cela arrivait, le ciel se couvrait et ses amis nuages s'éloignaient. Nathan se retrouvait alors seul, tout gros, tout gris, dans son coin de ciel devenu lui aussi tout sombre.

Selon toi, quelle émotion Nathan ressent-il tout seul dans son coin de ciel ?

Nathan le nuage se gonflait vite de colère. Et parfois, cela prenait du temps avant qu'il redevienne le beau petit nuage blanc, doux et moelleux que tous ses amis aimaient. Quand il était tout gros et tout gris, ses amis ne voulaient plus jouer avec lui…

Aussi, plus longtemps il restait gris, plus longtemps il restait seul et cela le rendait très triste. Il s'ennuyait de ses amis nuages et de son beau coin de ciel bleu. Mais il ne savait pas comment faire pour redevenir tout blanc comme avant.

As-tu des idées à suggérer à Nathan ?

Un jour qu'il était tout gris de colère, sa maman lui dit : « Nathan. Je te sens très fâché ! Tu dois apprendre à dire comment tu te sens ! Tu resterais gris bien moins longtemps ! » Nathan trouva que c'est une bonne idée, mais ne savait pas comment faire ! Ce soir-là, lorsqu'il alla dormir, le soleil lui envoya son plus beau rayon avant d'aller se cacher derrière la montagne pour la nuit. Et Nathan s'endormit avec une douce chaleur dans son cœur. À son réveil, il était décidé, il apprendrait à dire sa colère à ses amis !

Un peu plus tard, ses amis nuages vinrent à nouveau dans son coin de ciel bleu. Nathan sentit qu'il devenait à nouveau tout gros, tout gris et que son coin de ciel s'assombrissait. Il pensa à ce que sa maman lui avait dit et prit un bout de rayon de soleil pour se donner des forces. Il alla voir ses amis les nuages et réussit à leur dire : « Je suis en colère ! Je suis fâché, bon ! C'est mon coin de ciel à moiiiiiiiiiiii ! »

Il vit alors des gouttelettes d'eau sortir de lui. Plus les gouttelettes sortaient et moins il se sentait tout gros et tout gris. Derrière lui, le soleil osa même se pointer le bout du nez. Un rayon, deux rayons surgirent, puis le soleil apparut tout entier. De belles couleurs surgirent alors au loin, formant un magnifique arc-en-ciel. C'était de toute beauté !

Ses amis nuages s'approchèrent doucement. Nathan baissa la tête et s'excusa auprès d'eux. Il les invita à venir jouer dans son coin de ciel bleu. Et c'est avec plaisir qu'ils le rejoignirent, tout heureux de jouer avec Nathan, devenu à nouveau un petit nuage tout blanc, tout doux et tout moelleux...

Nathan savait maintenant qu'avec l'aide d'une maman pleine d'amour et d'un petit rayon de soleil, il pouvait apprendre à dire ce qu'il ressentait, afin de créer un coin de ciel de toutes les couleurs qu'il pouvait partager avec ses amis !

Nathan a-t-il choisi la solution que tu lui avais proposée ? Qu'aurait-il pu faire d'autres s'il était trop gêné pour s'excuser ?

Hugo a peur de tout

Hugo le hérisson avait peur de tout ! Dès qu'il entendait le moindre bruit dans la forêt, il se sauvait en trottinant vers le tronc d'arbre qu'il habitait avec ses parents. Il avait bien sûr quelques amis, mais ils étaient bien petits pour le défendre, lui qui se sentait si faible.

Lili la souris était toute minuscule et n'y voyait pas plus loin que le bout de son nez, Myrtille la chenille ne savait que ramper et Pompon l'oisillon savait à peine voler ! Comment ses amis pourraient-ils l'aider ? Il n'y avait que son amie Manu la tortue qu'il enviait, avec sa belle carapace qui pouvait la protéger en tout temps. Mais il n'y avait malheureusement pas de place pour deux sous cette belle maison qu'elle portait sur son dos.

Quel sentiment habite le cœur d'Hugo en ce moment ?

Hugo se sentait bien malheureux, car il aurait bien aimé pouvoir aller jouer un peu plus loin dans la forêt. Voir du pays, comme son oncle Romarin qui venait les visiter tous les printemps pour leur raconter ses périples. Pour le moment, s'il pouvait juste oser aller plus loin que les bosquets, dans la clairière où le soleil brillait les jours d'été et le vent soufflait les jours d'automne, il se sentirait tellement courageux.

Parfois, il osait s'avancer un peu plus loin, mais dès qu'il entendait un craquement inhabituel dans le bois, il s'arrêtait net et retournait se blottir dans les pattes de sa maman. Ses amis avaient beau lui dire qu'il semblait le plus fort de toute la troupe, rien ne le rassurait. Il avait peur de tout, tout, tout !

Un jour, alors qu'il jouait devant chez lui avec ses amis, on entendit Monsieur Corbeau annoncer une chasse au trésor très spéciale le lendemain. « Rendez-vous au bosquet tout près de la clairière à 9 heures ! » dit-il. Lili, Myrtille, Pompon et Manu sautillèrent d'excitation, mais Hugo sentit une boule lui serrer la gorge. Comme il avait envie de participer à cette super chasse au trésor le lendemain ! Mais comme il avait peur ! Il n'osa pas le dire à ses amis de peur de les décevoir et c'est le cœur gros qu'il rentra chez lui ce soir-là.

Son papa hérisson sentit son chagrin et lui demanda ce qui n'allait pas. Il lui raconta l'annonce de Monsieur Corbeau et son envie de participer à la fête. Son papa devinant sa peur lui dit : « Attends-moi une minute, j'ai quelque chose pour toi. » Il partit chercher une petite boîte de laquelle il sortit un coquillage magnifique. « C'est un souvenir qu'Oncle Romarin m'a rapporté de son premier voyage. Je suis certain que si tu le gardes sur toi, il saura te donner le courage d'affronter ta peur. »

Hugo s'endormit avec le coquillage serré sur son cœur. Dans son rêve, son oncle lui confia un secret… il lui raconta que lui aussi avait déjà eu peur il y avait longtemps, mais qu'il avait eu tellement de plaisir le jour où il avait osé aller se promener plus loin qu'il n'avait plus jamais eu envie d'arrêter.

Le lendemain, Hugo se leva avec le sourire. Il fut le premier au point de rendez-vous pour la chasse au trésor, près du bosquet et de la clairière. Il avait encore un peu peur, mais il avait gardé, accroché à son cou, le joli coquillage d'Oncle Romarin qui lui donna le courage de faire toute la chasse au trésor. Ce fut une journée mémorable ! Il s'aventura dans les moindres recoins de la forêt et même de la clairière et il s'amusa follement avec ses amis. C'est certain qu'il aurait envie de recommencer demain !

Félicie et les papillons

Félicie la petite fleur vivait dans un champ rempli d'autres fleurs sauvages que les papillons venaient butiner au printemps et en été. Et pour une fleur, c'était le plus beau compliment qui soit de recevoir la visite d'un papillon !

Félicie n'avait jamais vu un papillon se poser sur son cœur de fleur. Comme elle était très timide, elle repliait ses pétales vers le sol et les papillons ne la remarquaient jamais. Chaque fois qu'elle voyait un papillon s'approcher, elle sentait son cœur de fleur se gonfler de peine, car elle savait bien que ce n'était pas sur elle qu'il poserait ses douces ailes.

Ce jour-là, Félicie vit le premier vol d'oiseaux revenir des pays chauds dans le ciel printanier. Elle entendit ses amies les fleurs partager leur excitation.

Cela signifiait que bientôt les papillons seraient de retour. Félicie souhaitait tellement avoir la visite d'un papillon. Mais elle sentait que cette année encore, ce serait comme tous les autres printemps et cela la rendit triste.

Comment crois-tu que se sent Félicie face à l'excitation de ses amies les fleurs ?

Comme prévu, quelques jours plus tard, on vit les premiers papillons tournoyer au-dessus du champ de fleurs multicolores. Et comme Félicie l'avait prévu, aucun papillon ne vint se poser sur elle. Elle enviait tellement ses amies les fleurs. Qu'elles semblaient heureuses de se faire chatouiller les pétales par les ailes de si beaux papillons ! Si au moins elle avait une formule magique pour ne plus être aussi timide ! Elle pourrait elle aussi se faire remarquer et recevoir la visite d'un magnifique papillon.

Que proposerais-tu à Félicie pour qu'elle se fasse remarquer ?

Le soir venu, alors que le soleil brillait de mille feux pour dire bonne nuit aux jolies fleurs, une petite fourmi remarqua la tristesse de Félicie. Elle lui demanda pourquoi elle avait tant de peine. Félicie lui raconta son souhait le plus cher, soit d'être enfin remarquée par un beau papillon qui viendrait se poser sur elle pour butiner. Ça ne lui était encore jamais arrivé, JAMAIS !

La fourmi lui dit : « Je vais te confier un secret. Moi qui me promène toujours sur la terre, je peux te dire que tes couleurs sont magnifiques. Mais les papillons ne les voient pas quand tu

regardes vers le sol. Si tu veux être remarquée par les papillons comme toutes les autres fleurs, tu dois tendre tes pétales vers le ciel pour qu'ils voient que tu es aussi merveilleuse que les autres fleurs ! Et elle rajouta : Si tu veux, je pourrai être là demain au lever du soleil pour t'aider ! » Félicie approuva avec enthousiasme. Toute seule, c'était bien difficile de surmonter sa timidité, mais avec l'aide de sa nouvelle amie la fourmi, elle y arriverait certainement !

Le lendemain au lever du soleil, comme promis, la fourmi était là pour réveiller et encourager Félicie. La petite fleur osa pointer un pétale vers le ciel, puis deux, puis trois... Et puis un superbe papillon de toutes les couleurs vint se poser sur elle. Elle en fut si fière que tous ses pétales se déployèrent au soleil d'un seul coup. Ce fut le plus beau des printemps pour Félicie. Elle se sentait comblée ! « Plus jamais, se dit-elle, je ne laisserai ma timidité m'empêcher d'être heureuse ! »

Luka « là-maintenant-tout-de-suite »

Luka était le seul bébé lion de la famille. Depuis sa naissance, son papa, sa maman et ses grands-parents étaient tous en admiration devant lui et il avait vite compris que, quand il voulait quelque chose, il pouvait rapidement l'obtenir. C'en était au point où maintenant, Luka voulait toujours avoir tout, là, maintenant, tout de suite ! Sinon, il boudait, les bras croisés.

Ses parents, quelque peu exaspérés de son attitude de petit roi, tentaient maintenant de lui faire comprendre qu'il fallait qu'il apprécie l'attention et l'amour qu'on lui donnait en rendant aussi aux autres ce qu'il recevait. Mais Luka n'en faisait qu'à sa tête et lorsqu'il jouait avec ses amis, il était aussi devenu un petit lion très désagréable. Dès que ceux-ci proposaient un jeu, il disait qu'il n'avait pas envie de le faire ou qu'il avait une idée encore bien meilleure que la leur. Et durant les jeux avec ses amis, il voulait toujours être le premier et acceptait mal de perdre. Lorsque ses amis osaient lui dire qu'il ne pouvait pas toujours décider de tout, il boudait et refusait de jouer avec eux.

Comment crois-tu que les amis de Luka réagiront à son attitude ?

Un matin, alors que Luka était chez lui, il entendit le rire de ses amis qui passaient tout près pour se rendre jouer à la grande caverne. Personne n'arrêta pour venir le chercher. Luka alla à la fenêtre et sentit une grosse boule de tristesse lui monter à la gorge en voyant ses amis s'éloigner sans même se retourner. Il alla s'enfermer dans sa chambre et sa peine coula à flots sur ses joues.

Son papa vint le voir pour lui demander ce qui n'allait pas. « Ils m'ont oublié ! Mes amis ne m'aiment plus ! » lui dit Luka. Son papa qui le connaissait bien se douta que le lionceau avait essayé de faire son petit roi avec ses amis. Il expliqua à son fils qu'il lui faudrait réfléchir à une solution afin que ses amis veuillent à nouveau jouer avec lui.

Tu as des idées à suggérer à Luka pour qu'il regagne l'amitié de ses amis ?

Luka n'avait aucune idée de la manière de regagner l'amitié de ses copains. Il se promena dans la savane, le cœur gros, quand il vit au loin Élie l'Éléphant. « Mais oui ! Lui qui est si sage, il saura m'aider ! » Il se dirigea donc vers la grande mare où Élie se rafraîchissait et lui confia sa peine de ne plus avoir d'amis avec qui jouer.

Le sage éléphant lui dit : « Hum… Si je comprends bien, tu as voulu décider de tout avec tes amis. Ce n'est pas très agréable, qu'est-ce que tu en penses ? » Luka lui répliqua alors qu'il était le fils du grand roi Lion et que c'est pour cela qu'il voulait tout décider. Mais Élie l'éléphant l'arrêta. « Si ton papa le roi a le respect de tous, c'est d'abord et avant tout parce qu'il respecte lui-même les autres et qu'il reconnaît les qualités de tous les animaux de la savane. As-tu déjà dit à tes amis à quel point tu les appréciais ? » demanda l'éléphant.

Luka eut alors une idée ! Celle d'organiser une super fête pour tous ses amis afin de dire à chacun ce qu'il appréciait de lui. Il prépara des petits mots spéciaux pour l'un et pour l'autre sur de belles écorces d'arbre… « Pour mon ami Djembé le chimpanzé, pour ton sourire et ta facilité à nous amuser avec tes jeux rigolos ! » « Pour toi Noah mon boa préféré, j'admire ta souplesse et ta rapidité ! » « Et finalement pour toi Titan le Toucan, qui a toujours une idée géniale à proposer pour nos aventures entre amis. »

Par quels moyens Luka pourrait-il faire savoir à ses amis qu'il les apprécie ?

Les amis de Luka furent très touchés par les petits mots d'amitié qu'il avait préparés. Et c'est dans un fou rire complice que la fête se termina, les quatre amis se donnant rendez-vous pour les jeux du lendemain. Luka avait enfin compris que pour avoir des amis et les garder, il faut apprendre à recevoir, mais aussi à donner !

Rémi fait son chemin

Un beau matin de printemps dans la forêt des grands érables, Rémi le petit ruisseau est né. La neige fondait, les oiseaux chantaient et à travers les grands arbres, Rémi s'était fait son petit chemin de ruisseau, se séparant tout doucement de la grande rivière qui l'avait vu naître. Il se sentait tout petit, coulant timidement, au gré du vent et de la neige fondante qui venait gonfler ses flots.

Rémi était fier de suivre le nouveau courant qui s'ouvrait à lui mais, en même temps, il lui était difficile de se séparer de la grande rivière. Il s'en éloignait pour la première fois. Il se sentait tout petit dans la forêt. Et les arbres étaient si grands ! Et puis, plus il se gonflait d'eau, plus il avançait et cela lui faisait très peur, car il ne savait pas où il s'en allait.

Peu à peu, il vit les arbres devenir de plus en plus espacés et le soleil prendre de plus en plus de place. C'était la fin de la forêt ! « Qu'y a-t-il après la forêt ? Comment pourrais-je continuer d'avancer dans ce nouveau paysage ? » Rémi avait une folle envie de retourner vers la forêt et la grande rivière. Il essaya pendant un court moment et réalisa qu'il lui était impossible de couler à contre-courant.

Il trouvait toutefois ce paysage si beau, avec ses folles herbes qui lui chatouillaient les flots et ses tout petits arbres qui faisaient de l'ombre sur lui. Il aurait bien aimé avoir assez confiance en lui pour avancer et en voir encore davantage. Il ne se trouvait pas assez grand, pas assez fort pour couler plus rapidement. Pourtant, il était si fier d'avoir fait son petit chemin de ruisseau, mais voilà qu'il ne trouvait plus la force d'avancer.

Rémi vit un gros poisson nager dans ses flots. Le poisson se présenta : « Bonjour, je m'appelle

Que proposerais-tu à Rémi pour qu'il se sente mieux ?

Que pourrais-tu dire à Rémi pour qu'il sente qu'il est capable d'aider son ami le poisson ?

Simon. Et toi qui es-tu ? » Rémi se présenta à son tour et lui demanda ce qu'un aussi gros poisson faisait dans un aussi petit ruisseau. Simon lui expliqua qu'il se promenait dans la grande rivière et que, porté par le courant, il s'était retrouvé bien malgré lui dans les petits flots de Rémi. Et comme le petit ruisseau avait arrêté d'avancer et de se gonfler, il ne pouvait plus nager à son aise.

Simon dit au petit ruisseau : « J'ai besoin de toi Rémi. J'ai besoin de ton aide pour survivre. Car il me faut beaucoup d'eau pour nager ! » Il lui dit qu'il devait pousser le plus fort possible pour avancer afin de grossir et de devenir un grand ruisseau. Rémi lui répondit qu'il ne croyait pas en être capable.

Son nouvel ami lui dit : « Je compte sur toi ! J'ai besoin de plus d'eau. » Simon avait besoin de lui ! Cela voulait donc dire qu'il le croyait assez bon et assez fort pour l'aider. Cela donna une vague de confiance à Rémi et il trouva la force de pousser.

Et il poussa si fort que son petit chemin de ruisseau se mit à couler vigoureusement à travers le magnifique paysage d'herbes et de petits arbres. Lorsqu'il vit Simon le poisson nager et pirouetter dans ses flots, il réalisa qu'il avait accompli sa mission. Il avait sauvé son ami ! Et Rémi comprit que même s'il n'était pas très grand et pas très fort, on pouvait avoir besoin de lui ! « Promis, se dit-il, plus rien n'arrêtera mon petit chemin de ruisseau ! »

On se moque de Mia

À l'école de la forêt des trois Tilleuls, on se moquait souvent de Mia la petite moufette. On rigolait bien sûr de son odeur si particulière, mais aussi du fait qu'elle portait une drôle de fourrure, toute touffue et par bouts blanche, par bouts noire. Plusieurs animaux la poussaient souvent lorsqu'il était temps de se mettre en rang. Mia se relevait toujours sans rien dire… Car le pire, ce n'était pas le mal qu'elle avait en tombant, mais celui qu'elle avait dans son cœur chaque fois. Elle sentait sa poitrine se serrer très fort et elle ravalait ses larmes pour que personne ne voie à quel point elle avait de la peine.

Que ferais-tu pour consoler Mia ?

Il y avait bien sûr d'autres animaux qui n'étaient pas méchants avec elle, mais Mia n'osait jamais aller vers eux. Elle restait souvent seule à la récréation et les regardait jouer du coin de l'œil avec envie.

Mia aurait tout donné pour avoir une fourrure toute lisse et brune comme Léa la loutre ou sentir bon le sapin comme Raphaël le petit renard. Elle voyait bien qu'eux étaient entourés d'amis ! On lui disait souvent : « Mia poils bizarres, Mia poils puants ! » C'était certainement pour ça qu'elle n'avait pas d'amis.

Y a-t-il toi aussi d'autres enfants que tu envies ? Qu'ont-ils de spécial ?

Un jour, alors qu'elle était seule dans son coin, elle entendit un bruit provenant du bosquet fleuri devant elle. Une libellule en sortit. « Bonjour, lui dit-elle, je te vois seule dans ce coin de la cour d'école depuis bien longtemps, pourquoi ne vas-tu pas jouer avec les autres animaux ? » Mia expliqua que personne ne l'aimait parce qu'elle avait une fourrure et une odeur bizarres. « Mais chaque

animal a une fourrure différente Mia, et une odeur différente aussi. Ne sais-tu pas que ton odeur sert à te défendre ? Elle est essentielle pour ta protection et celle de toutes les petites moufettes », répliqua la petite libellule.

> *Et toi, quelles sont tes forces ? Dans quoi te trouves-tu bon ? Qu'as-tu de spécial toi aussi ?*

« Ah oui ? » fit Mia tout étonnée. Et la petite libellule lui expliqua qu'elle connaissait très bien les moufettes, et tous les autres animaux, parce qu'elle volait partout à travers la forêt des Trois Tilleuls depuis longtemps. « Je peux te dire que chacun d'eux possède en lui des forces et des faiblesses. Ceux que tu admires peuvent eux aussi vivre des difficultés dans la vie, tu sais. Le plus important c'est de croire en toi et de montrer aux autres ce dont tu es capable. »

Le soir avant de dormir, Mia repensa aux paroles de la petite libellule. Il fallait qu'elle trouve un moyen de montrer de quoi elle était capable aux autres animaux.

Une occasion se présenterait, et bien plus vite qu'elle ne le pensait…

Le lendemain, sur le chemin de l'école, elle croisa un groupe d'animaux, bloqués sur la route. « On ne peut pas passer, dit Léa la loutre, il y a un immense nid d'abeilles et on risque tous de se faire piquer si on avance. » « J'ai peur ! » rajouta Raphaël le renard en tremblant. Mia prit son courage à deux pattes et s'avança vers le nid. Elle se retourna, et envoya deux jets de liquide odorants et brûlants sur le nid qui éloignèrent d'un seul coup toutes les abeilles.

Léa et Raphaël vinrent la rejoindre en courant : « Merci Mia, c'est vraiment génial ce jet puant ! Wow ! Toutes les abeilles ont disparu du nid. Viens, on peut se rendre à l'école maintenant. » Mia, Léa et Raphaël se rendirent ensemble à l'école, ce matin-là et bien d'autres. Ils devinrent ainsi tout doucement des amis.

À partir de ce jour, Mia commença discrètement, en suivant ses nouveaux amis, à s'approcher d'autres animaux pour jouer. Léa et Raphaël ne manquaient pas de raconter à chacun comment Mia avait réussi à éloigner toutes les abeilles d'un coup sur le chemin de la forêt des Trois Tilleuls l'autre matin. Mia rougissait de gêne chaque fois, mais aussi de fierté. Elle avait enfin réussi à se faire une petite place bien à elle à son école parce qu'elle avait osé montrer aux autres ce dont elle était capable.

Bibliographie

BÉDARD, Nicole, *L'interprétation des contes pour enfants*, Montréal, Éditions du Roseau, 2005.

BETTELHEIM, Bruno, *Psychanalyse des contes de fées*, Paris, Hachette Littératures, 1976.

DUFOUR, Michel, *Allégo rit avec les jeunes*, Montréal, Éditions JCL, 2000.

DUFOUR, Michel, TREMBLAY, Dany, *Allégories : Amour de soi, amour de l'autre*, Montréal, Éditions JCL, 2006.

LAPORTE, Danielle, *Contes de la planète Espoir : à l'intention des enfants et des parents inquiets*, Montréal, Éditions de l'Hôpital Sainte-Justine, 2002.

SALOMÉ, Jacques, *Contes à guérir, contes à grandir*, Paris, Éditions Albin Michel, 1993.

Procurez-vous cet autre livre, écrit par Solène Bourque et Sophie Rondeau

Malgré tous les bonheurs, petits et grands, qu'elle apporte, la vie de famille est souvent très intense et remplie de frustrations. Le secret pour s'en sortir réside dans une panoplie de trucs pour se simplifier la vie, un bon réseau de soutien physique et psychologique et une bonne dose de complicité et d'humour.

C'est dans cet esprit que deux mamans dynamiques et expérimentées vous offrent ici leurs **100 trucs pour les parents des tout-petits** : des trucs simples, originaux et parfois rigolos, éprouvés et testés par des parents comme vous !

MARQUIS

Québec, Canada